COMMUNE D'HOLNON

(CANTON DE VERMAND)

25ᵉ Anniversaire

DE LA

BATAILLE DU 19 JANVIER 1871

SAINT-QUENTIN

IMPRIMERIE CHARLES POETTE, RUE CROIX-BELLE-PORTE, 21

1896

COMMUNE D'HOLNON

(CANTON DE VERMAND)

25ᵉ Anniversaire

DE LA

BATAILLE DU 19 JANVIER 1871

SAINT-QUENTIN

IMPRIMERIE CHARLES POETTE, RUE CROIX-BELLE-PORTE, 21

1896

25ᵉ Anniversaire

DE LA

BATAILLE DU 19 JANVIER 1871

Une grande cérémonie patriotique a eu lieu à Holnon, le dimanche 19 janvier 1896, à l'occasion du 25ᵉ anniversaire de la bataille du 19 janvier 1871, autour de Saint-Quentin.

Tous les habitants du village s'y sont associés. Dès le matin, ceux qui avaient un drapeau tricolore l'ont arboré au-devant de leur maison. Dans la grande rue, celle de la vieille Chaussée romaine, on le voyait flotter des deux côtés sur la plupart des maisons. Il y en avait aussi dans la rue de l'église, dans celle de l'ancienne voie Hamoise, ou chemin du Catelet et dans la rue de Savy.

*
* *

Dans la nuit qui précéda la bataille du 19 janvier 1871, Holnon fut occupé par un grand nombre de soldats français ayant pris part dans la journée du 18 aux combats de Caulaincourt et de Vermand. Toutes les maisons en étaient remplies. Le 19, à la pointe du jour, les soldats quittaient le village pour aller prendre leur poste de combat du côté des bois, vers Savy, Etreillers, Vermand et Maissemy. Les troupes ennemies qui occupaient Vermand et les environs s'avancèrent bientôt sur Holnon, et le combat s'engagea à l'entrée des bois. Malheureusement, nos soldats, en trop petit nombre, durent se retirer sur Holnon, Selency, Francilly et Saint-Quentin. L'ennemi les suivit et le combat s'engagea autour d'Holnon et dans les rues du village. Le canon grondait, les balles sifflaient et tombaient de tous côtés. Les habitants des maisons situées aux extrémités du village se réfugièrent dans celles de l'intérieur au milieu des balles qui tombaient sur les toitures, dans les cours et dans les jardins.

Il y eut des victimes. Des officiers et des soldats français et ennemis tombèrent pour ne plus se relever. Plusieurs furent inhumés dans le cimetière d'Holnon et près du calvaire qui s'élève sur la Chaussée romaine vers les bois du côté de Vermand. Plus tard, de petits monuments furent élevés sur les tombes.

* * *

La nuit du 19 janvier 1871 fut une nuit d'angoisses pour les habitants d'Holnon. L'ennemi fut vainqueur et disposa à sa convenance de tout ce qui se trouvait dans le village.

C'est le 25e anniversaire de cette terrible journée, que le Conseil municipal, le Curé et les habitants d'Holnon ont célébré le 19 janvier 1896 par un service religieux et une manifestation patriotique sur la tombe des Français tombés sur le champ de bataille autour de leur village.

* * *

L'église avait été très habilement décorée par M. l'abbé Leclercq. Au portail étaient arborés deux drapeaux tricolores et une grande oriflamme.

L'intérieur de l'église était tendu de draperies de deuil semées de larmes d'argent. Il y avait aussi des drapeaux, des emblêmes funèbres et des inscriptions diverses.

Un superbe catafalque s'élevait au milieu du chœur. Deux grandes oriflammes tricolores, tombant du catafalque en se croisant, enveloppaient le cénotaphe. Au milieu d'un grand cartouche on lisait l'inscription suivante :

1870-71

25e ANNIVERSAIRE DE LA BATAILLE DU 19 JANVIER 1871

HOLNON, RECONNAISSANT

La voix de l'harmonium, mêlée à celle des chantres et des enfants de chœur, chantant le *Dies iræ*, le *Misere* a produit un effet très saisissant. L'église était trop petite pour contenir la foule.

Des places réservées dans le chœur étaient occupées par le Maire, l'Adjoint et les Conseillers municipaux. Le Conseil de fabrique assistait aussi à la cérémonie.

Les Sapeurs-Pompiers, commandés par leur dévoué chef, M. Eugène Lagnier, représentaient l'élément militaire.

Dans l'éloquent discours qu'il a prononcé, M. l'abbé Leclercq a rendu hommage à nos vaillants soldats. Il a rappelé le souvenir de ceux d'Holnon qui sont morts en combattant les Prussiens : MM. Francomme, Colle, Landa et Foucart. Il a rappelé aussi les noms des deux victimes de la journée du 19 janvier 1871, dans le village : Eugène Objois et M⁽ᵐᵉ⁾ Bernoville, tués l'un et l'autre par les balles prussiennes.

DISCOURS DE M. L'ABBÉ LECLERCQ
CURÉ D'HOLNON

Messieurs et mes Frères,

Vous seriez tous étonnés si, dans une semblable cérémonie, votre Curé, dont le patriotisme n'est, je crois, contesté par personne, gardait le silence... Permettez que, selon l'usage, et pour ne pas abuser de votre religieuse attention, en me laissant aller aux entraînements d'une improvisation, je vous lise rapidement les pensées que m'inspire cette solennité funèbre.

Un grand orateur de l'antiquité, Cicéron, a dit que pour convaincre, il ne suffit pas de raisonner, il faut émouvoir, et que pour émouvoir il faut être soi-même ému : *si vis me flere dolendum*. Cette émotion est bien vive et bien profonde dans mon cœur de prêtre et d'ancien aumônier de l'année terrible. Mais, comme je n'ai pas assisté au combat meurtrier du 19 janvier, dont vous célébrez si religieusement le vingt-cinquième anniversaire, pour augmenter en moi cette émotion et vous la communiquer, j'ai ouvert un livre bien précieux, très documenté, écrit par un historien loyal et véridique, puisqu'il raconte ce dont il a été le témoin attristé. Vous devinez que je parle de l'*Histoire d'Holnon*, écrite par M. Ch. Poëtte, que tous ceux qui ont l'honneur de le connaître ont en haute estime, et que vous tous, habitants d'Holnon, êtes fiers d'avoir pour compatriote, car il a été, lui aussi, martyr du patriotisme... J'ai lu avec émotion les pages 470 et suivantes, qui contiennent le lamentable récit de tout ce que vous avez eu à souffrir : vos chers enfants, ou vos frères tués sur les champs de bataille, ou morts en exil, dans les hôpitaux, soignés par des Allemands avec la brutalité qui fait le fond de leur caractère : FRANCOMME, COLLE, LANDA, FOUCART, voilà des victimes que vous n'oublierez jamais ; les terreurs des 18 et surtout du 19 janvier 1871 ; le canon qui grondait, la fusillade qui crépitait dans la plaine et même dans vos rues, les blessés et les morts qui tombaient; une jeune femme, mère de quatre enfants, frappée dans sa maison d'une balle dans la tête ; Eugène OBJEOIS, qui voulait protéger sa femme, et les femmes et enfants du voisinage, qu'il avait abrités dans sa cave, et qu'un Prussien blessa mortellement en tirant sur lui à bout portant ; les écoles et la salle de la Mairie transformées en ambulance et en amphithéâtre, je dirais presque en boucherie ;

ces tombereaux chargés de blessés, qui gémissaient entassés les uns sur les autres, et qu'on emmenait au loin pour dissimuler l'horreur de ces massacres ; et, enfin, ces écrasantes contributions en argent, ou réquisitions en nature ; quel affreux spectacle, dont le récit, après 25 ans, nous arrache encore des larmes ! Peut-on oublier jamais ces horribles tueries, qui ont fait couler à flots le sang des enfants de la France, de nos frères, de nos compatriotes ? Peut-on, sans se sentir ému jusqu'au fond de l'âme, relire ces pages poignantes ?

Cette cérémonie funèbre a pour but de vous rappeler, à vous, habitants d'Holnon, et à vous, anciens combattants de 1870-71, que vous ne devez pas oublier les vaillants qui sont tombés au champ d'honneur pour la Patrie ; et à vous, jeunes soldats, futurs défenseurs de la Patrie, elle vous crie bien haut qu'un peuple dont les enfants savent se dévouer, se sacrifier et mourir, n'est pas un peuple qui puisse être asservi.

Notre premier devoir à tous, Messieurs et mes Frères, est de nous souvenir. Tous les récits du combat qui, à l'heure où nous sommes paisiblement réunis dans cette église, se livrait, il y a 25 ans, sur notre territoire, — même les récits des Allemands, s'accordent à dire que nos chers et glorieux vaincus du 19 janvier ont été admirables par leur sang froid, leur courage, leur bravoure, leur intrépidité. Admirable déjà était leur patriotisme, quand ils laissaient la famille, la maison paternelle, plusieurs aussi leur femme et leurs enfants, pour voler à la défense de la Patrie ; n'étaient-ils pas admirables surtout, ces vaillants soldats quand ils marchèrent au feu, tous confondus dans une égale ardeur, l'ouvrier et le patron, le fermier et le propriétaire, le soldat de l'armée régulière et le mobile ou mobilisé? quand, mal vêtus, mal chaussés, mal nourris, certains même mal armés, ils tinrent tête, du matin à la nuit, aux troupes les mieux organisées de l'Europe, repoussant des assauts toujours renouvelés, dégageant par des charges à la baïonnette, leurs bataillons débordés par des phalanges aguerries ; luttant, résistant, puis, enfin, succombant sous la pluie de feu torrentielle qui les atteignait de tous les côtés !

Saluons ! Messieurs et mes chers frères, saluons avec un profond respect ces braves et intrépides combattants, ces glorieux vaincus du 19 janvier. Mais, nous leur devons plus qu'un salut respectueux, nous leur devons une vive reconnaissance, parce qu'ils ont été sacrifiés pour la Patrie, comme parfois on sacrifie un bataillon ou un corps d'armée pour dégager l'armée toute entière. Vous n'ignorez sans doute pas, c'est un fait acquis, que la bataille d'Holnon, Fayet, Savy et Saint-Quentin fut concertée et décidée pour attirer à distance une partie des troupes allemandes qui entouraient Paris, et favoriser la sortie des troupes françaises enfermées dans la capitale. Cette combinaison, hélas ! n'a pas eu le succès qu'on en espérait ! Ces glorieuses victimes du 19 janvier nous ont pourtant épargné par leur ténacité, leur héroïque courage, de bien grands désastres. Notre histoire française est pleine de ces dévouements libérateurs. Si cet héroïque sacrifice n'a pu conserver l'intégrité du territoire français, il a du moins sauvegardé l'intégrité de l'honneur national, dont les revers n'ont pas été sans gloire. Nous avons pu alors, comme François Ier, le fier prisonnier de Charles-Quint, nous écrier : *Tout est perdu, fors l'honneur !*

Nous, Français, nous pouvons donc encore et toujours croire, et croire fermement à la vaillance militaire, qui est, quoiqu'en disent nos ennemis, une des qualités indéracinables du caractère français. Il y a eu, je ne puis le nier, j'en ai été plusieurs fois le témoin indigné, il y a eu des défections, parmi les soldats et surtout dans le corps des officiers ; mais bien moins qu'on ne le croit : n'y a-t-il pas quelques ombres, même dans les tableaux des plus grands artistes ? Ces défaillances n'ont fait que mieux ressortir la bravoure de la grande majorité des combattants. Je suis même absolument convaincu, moi qui ai vécu plusieurs années avec les soldats, que si malheureusement se levaient de nouveau pour la France les jours des grandes luttes, la valeur militaire brillerait d'un nouvel éclat. Ne venons-nous pas d'en obtenir un récent témoignage dans les contrées lointaines où nos intrépides soldats ont su lutter contre un climat meurtrier, et triompher de leurs nombreux et farouches ennemis ? C'est pourquoi j'ai cru que la reconnaissance nous faisait un devoir d'associer dans nos prières les victimes de Madagascar aux victimes du 19 janvier 1871.

Mais qu'est-ce que la vaillance militaire, messieurs, sinon le fruit du patriotisme, c'est-à-dire l'amour vrai, sincère, constant, dévoué de la Patrie ? Le patriotisme, mes frères, mais c'est une vertu toute chrétienne. L'amour ne se paie pas de mots, il veut des actes, dit saint Paul et après lui saint Grégoire ; qu'il s'adresse à Dieu ou à la créature, au pays natal ou à cette portion de territoire qu'on appelle la Patrie, l'amour ne se prouve que par des œuvres, par le dévouement, le sacrifice de son temps, de son argent, si on est riche, de son travail, si on n'a que cela, et, enfin, de son sang et de sa vie. Oseriez-vous bien affirmer que c'étaient des patriotes, ces sectaires impies qui ne croyaient à rien, ces jouisseurs qui estimaient que la vie présente est tout, et que, par conséquent, il faut la conserver, la prolonger le plus longtemps possible pour en jouir davantage ? Ils faisaient, il est vrai, de beaux discours sur le patriotisme ; ils criaient à tous les échos de la France : *Guerre à outrance ! nous ne céderons pas un pouce de terrain !* Mais, les a-t-on vus sur les champs de batailles ? Combien trop nombreux étaient ceux qui se mettaient prudemment à l'abri des balles et de la mitraille derrière les bureaux de toutes les administrations : bien chauffés, mangeant et buvant à satiété et fumant des cigares exquis, pendant que nos pauvres soldats couchaient sur la neige, mouraient de faim, et donnaient leur sang pour la Patrie !

Le vrai patriote, mes frères, est celui qui sait qu'il a de graves devoirs à remplir envers sa Patrie ; que l'accomplissement de ces devoirs exige souvent de grands sacrifices, des sacrifices héroïques ; il accepte tout, non pas par force, par contrainte, mais de bon cœur, pour obéir à son Dieu qui lui fait un commandement formel d'aimer sa Patrie, de se dévouer pour elle jusqu'à l'effusion de son sang, s'il le faut. Dites donc à ce jeune soldat, la veille d'une bataille, que s'il meurt demain, il ne restera plus rien de lui, qu'après cette vie, c'est le néant, qu'en récompense de son sacrifice pour la Patrie, ses compatriotes porteront peut-être sur sa tombe, *s'il en a une*, des couronnes, et qu'ils loueront son courage ; pensez-vous qu'il sera bien décidé à mourir ? s'il faut lever la crosse en l'air, s'il peut fuir pour échapper à la mort, soyez sûrs qu'il n'hésitera pas. Mais montrez-lui le ciel, à ce soldat, dites-lui qu'en versant son sang pour la sainte et noble cause de la Patrie, il accomplit un grand devoir du chrétien, et que Dieu récompensera son dévouement, vous le verrez voler au combat avec un cœur vaillant. En 1871, les soldats et les officiers vraiment chrétiens n'ont pas failli à leur devoir. *Quand on croit à une autre vie*, a dit un grand chrétien, le général Berthaut, (et il marquait là la vraie source de l'héroïsme), *quand on croit à une autre vie, on se résigne plus facilement au sacrifice de celle-ci. La religion et le patriotisme sont frère et sœur, ils ont Dieu pour père.*

Laissons de côté, si vous le voulez, les temps anciens, le paganisme qui ne s'inspirait pourtant dans ses œuvres nationales que de cette devise: *pro aris et focis!* tout pour nos autels et pour nos foyers! Ne voyez-vous pas, dans les temps modernes, surtout au sein de notre vieille Europe, marcher de pair l'histoire unie de la civilisation et du christianisme, de la patrie et de la religion? Quels noms glorieux j'aurais à vous citer, si les bornes de cette allocution ne devaient être nécessairement restreintes! L'amour de la religion et l'amour de la patrie sont indissolublement unis dans le cœur de nos grands hommes, soit dans la littérature, soit dans les sciences, soit dans les arts. Nos annales militaires surtout sont remplies de noms illustres qui ne font pas moins d'honneur à la religion qu'à l'armée, c'étaient de grands patriotes et de solides chrétiens: Clovis, Charlemagne, Saint-Louis, Godefroy de Bouillon, Tancrède, Simon de Montfort, Bayard, Duguesclin, Jeanne d'Arc, Condé, Turenne, et, plus près de nous, le général Drouot, le maréchal de Mac-Mahon, l'amiral Courbet, le général de Sonis, et tant de renommés capitaines, qui ont écrit avec la pointe de leur épée les plus glorieuses pages de notre histoire. N'étaient-ils pas des hommes en qui le sentiment religieux s'était fondu avec le patriotisme ? supprimez en eux le caractère chrétien, et vous les amoindrissez, vous faites pâlir l'auréole qui resplendit sur leur front. *Dieu et Patrie !* c'était leur devise, et ils se battaient comme des lions pour défendre leur foi et leur pays. Qu'on y prenne garde, on ne brisera pas impunément ce que Dieu a si étroitement uni !

Je termine, Messieurs et mes frères, en vous affirmant, parce que je le sais, que nos braves soldats, tombés, massacrés dans la terrible guerre de 1870-71, si imprudemment déclarée par un gouvernement *anti-patriotique*, parce que ses chefs étaient pourris par le sensualisme, nos braves soldats étaient de vrais patriotes et des chrétiens convaincus. On ne criait pas alors : *les curés sac au dos !* quand on voyait les aumôniers volontaires voler au travers de la mitraille au secours des blessés et des mourants. Dans un diner officiel donné à Rome, chez l'ambassadeur de Bavière, le 26 février 1872, le prince Frédéric-Charles de Prusse, disait : *Il m'est impossible de ne pas admirer le patriotisme des religieux, des religieuses et surtout du clergé français, sur les champs de bataille.*

Ah ! messieurs, c'est que ces aumôniers

militaires se sentaient électrisés, par leur foi, par leur amour des âmes, qui, en si grand nombre allaient paraître devant Dieu, et aussi par l'empressement que mettaient les soldats, les officiers, les généraux eux-mêmes, à mettre leur conscience en règle. Ils n'avaient de repos ni le jour, ni surtout la nuit ; on les appelait de tous côtés à la fois, avec des cris suppliants. La veille des grandes batailles, il fallait confesser partout : sur les routes, dans la plaine, au pied d'un arbre, contre une haie, dans la neige, dans la boue, sans respect humain. Mais le spectacle le plus grandiose et le plus émouvant, c'était, quelques instants avant l'attaque, quand, au milieu d'un silence solennel tous, cavaliers et fantassins, soldats et officiers se prosternaient à terre ou courbaient humblement la tête, pendant que les aumôniers placés sur une éminence ou sur un affut de canon, levaient la main et donnaient une dernière absolution, suivie de ce cri suppliant, parti de ces milliers de cœurs confiants : *Priez pour nous! et vive la France!* Puis, les officiers criaient : En avant !... Les aumôniers de l'armée de Faidherbe m'ont raconté qu'il en était ainsi, la veille et le jour de la bataille du 19 janvier 1871. Tant il est vrai, mes frères, que la présence du danger rapproche instinctivement de Dieu et réveille les sentiments de foi, qui ont peut-être sommeillé bien des années dans les âmes. Malheur à la France, si on réussit à détruire la foi dans le cœur de nos braves soldats français, car, du même coup, on y tuera le patriotisme !

Il y en avait bien quelques-uns, *des poseurs*, qui se croyaient des esprits forts (ce qui, en fait, signifie esprits faibles), qui n'attendaient rien de la bonté et de la miséricorde de Dieu, et qui se prenant pour des bêtes, voulaient mourir en bêtes. *Ce n'étaient certes pas les plus braves au combat.* Ce sot orgueil tombait vite, si on les rapportait gravement blessés aux ambulances. Au souvenir de leur enfance chrétienne, de leur 1re communion ; grâce aussi, sans nul doute, aux prières d'une pieuse mère, ils s'inclinaient sous la main bénissante de l'aumônier, et mouraient chrétiennement... Gardez-vous de croire, pourtant, que je revendique pour nous seuls, catholiques, le monopole du patriotisme. D'autres, moins riches en foi, ont marché avec nous dans la voie du dévouement ; mais, qu'ils le sachent ou non, ils l'ont fait en vertu d'un principe tout chrétien et par la force conservée d'une habitude toute chrétienne, qu'on ne déracine pas facilement.

Voilà, Messieurs et mes frères, ce qu'étaient, en 1870-71, ces braves et héroïques soldats : *des patriotes chrétiens.*

Merci à vous tous, mes frères, et particulièrement aux membres du Conseil municipal, d'avoir compris, comme le disaient naguère un de nos éminents sénateurs de l'Aisne, M. Sébline, *qu'une semblable solennité patriotique serait incomplète, qu'elle serait dépourvue de sanction morale, si elle* n'éveillait pas dans les âmes une pensée religieuse, la pensée de l'immortalité de l'âme. Merci à vous, Messieurs, qui avez organisé cette manifestation patriotique, d'avoir compris que déposer ces deux magnifiques couronnes sur les monuments élevés à la mémoire des vaillants, des héros, des martyrs tombés sur les champs de bataille du 19 janvier, ne suffisait pas. Sans doute, c'est un hommage rendu à leur bravoure, mais, il était juste de leur donner en même temps un témoignage plus efficace de votre reconnaissance, en priant pour eux. Je suis convaincu que si, Dieu le permettant pour encourager notre piété envers les morts, ils pouvaient se réveiller de leur éternel sommeil, de ces tombes, que vous leur avez généreusement concédées à perpétuité, ils vous diraient à tous : *Merci ! Merci !*

Soyez remerciés aussi, Messieurs et mes frères, au nom de la Patrie française et chrétienne, au nom des parents et des amis de nos chers défunts, au nom de leurs mères, de leurs épouses, de leurs enfants, qui, au fond de quelque village du Nord, du Pas-de-Calais et de l'Aisne, pleurent encore et ne trouvent de consolation que dans leur foi, dans leurs prières confiantes, et dans l'espérance de les revoir un jour, dans la bienheureuse éternité !

Ainsi soit-il.

Des couronnes, achetées avec le produit

d'une souscription faite dans la commune, ont été bénites et déposées ensuite sur les monuments.

* * *

A deux heures de l'après-midi, la Municipalité, les Sapeurs-Pompiers, les enfants des écoles et les habitants d'Holnon, se sont réunis à la Mairie, et sont allés déposer solennellement une de ces couronnes sur le monument élevé sur les tombes qui se trouvent près du calvaire.

Au pied de ce monument, M. H. Defrance, maire d'Holnon et suppléant du juge de paix du canton de Vermand, a prononcé le patriotique discours suivant :

DISCOURS DE M. DEFRANCE
MAIRE D'HOLNON,
SUPPLÉANT DU JUGE DE PAIX DE VERMAND

Messieurs,

Il n'est personne de nous qui, passant chaque jour au pied de ce modeste monument, ne salue ceux qui y reposent et qui sont morts en combattant pour le sol de la Patrie.

Mais aujourd'hui ce pieux hommage individuel ne nous a point paru suffisant et c'est tous ensemble que les habitants d'Holnon sont venus honorer cette tombe au jour anniversaire de la bataille.

Le 19 janvier 1871, quelle inoubliable journée pour notre commune et pour la France !

Vingt-cinq ans se sont écoulés depuis et cependant pour ceux qui ont vécu à cette époque maudite, il semble que c'était hier. Pour eux, le souvenir est toujours aussi vivant, aussi douloureux, et s'ils étaient les seuls réunis ici il serait bien inutile de rappeler les épisodes de ce jour terrible.

Mais il faut que les jeunes générations qui vont bientôt nous remplacer connaissent bien aussi quelles poignantes émotions ont pu nous étreindre lorsque nous avons vu succomber ceux que nous avons pieusement ensevelis sous cette pierre.

Ma tâche sera courte, car il n'est pas de père qui n'ait bien souvent raconté à ses enfants cette page lugubre de notre histoire.

La France, brusquement réveillée au milieu des fêtes de l'Empire, était trahie dès le premier jour de la guerre. En quelques semaines toute notre puissance militaire avait disparu : notre armée, ces deux cent mille braves qui ne demandaient qu'à verser leur sang, était livrée à un ennemi déjà supérieur en nombre, notre meilleure forteresse était vendue à l'Allemagne avec nos drapeaux et notre matériel de guerre.

Puis l'ennemi s'avançait à grands pas vers Paris, les capitulations se succédaient et la France abandonnée de tous semblait s'abandonner elle-même. Mais à ce moment une poignée d'hommes ne désespéra pas du sort de la Patrie et voulut au moins sauver l'honneur national ! Faisant un suprême appel au pays, le gouvernement de la Défense nationale, improvisa pour ainsi dire les deux armées qui s'illustrèrent avec Chanzy et Faidherbe. C'est cette dernière que nous avons vue à l'œuvre.

Composée des éléments les plus disparates, sans lien, sans cohésion, manquant la plupart du temps du nécessaire, mais électrisée par la bravoure désormais légendaire de son chef, elle vient vaillamment au-devant de l'ennemi, et fait qui frappe les Allemands de stupeur, sut les tenir en échec ! Victorieux même à Bapaume, elle marcha aussitôt que son organisation le lui permit sur Amiens, Faidherbe prenait résolument l'offensive.

Sa marche fut arrêtée le 17 janvier par les combats d'avant-garde et dès le 18 nos soldats se battaient héroïquement à Beauvois, Trefcon, Pœuilly et Vermand, luttant pied à pied et ne se retirant qu'à la dernière extrémité.

Mais c'est le lendemain 19 que ces pauvres bataillons improvisés, mais fidèles à l'honneur, fidèles à la Patrie jusqu'à la mort, allaient livrer la véritable bataille.

Dès huit heures du matin, l'armée du Nord occupait Grugies, Castres, Giffécourt, puis de ce côté Savy, Selency, Holnon, Fayet jusqu'à la route de Cambrai, déployant son front sur plusieurs lieues de longueur, c'est là que jusqu'à la nuit noire, sur un sol détrempé, presque sans munitions, sans vivres, voire même sans chaussures convenables, nos héroïques marins, mobiles et mobilisés, firent face à un ennemi trois fois supérieur en nombre, composé de vieilles troupes, bien disciplinées et largement pourvues de tout le nécessaire !

La résistance fut opiniâtre, la colère, je pourrais dire la rage des soldats allemands envahissant nos demeures nous le prouvaient assez ; mais dans l'après-midi, les Allemands amenèrent sur le champ de bataille des troupes fraîches arrivées à l'instant de Paris. Dès lors, la lutte devenait inutile et le soir Faidherbe dut se retirer.

Les hommes valides rejoignirent Cambrai. Mais combien de morts et de blessés couvraient les champs mêmes qui nous environnent.

C'est à ces victimes du devoir que nous venons rendre hommage en ce moment ; témoins de leur valeur, nous leur apportons notre tribut d'admiration et de reconnaissance.

Honneur à vous, soldats inconnus, qui êtes venus mourir dans nos plaines pour la gloire du drapeau français. Honneur à vous, qui n'avez pas voulu désespérer et qui, en pleine jeunesse, avez donné votre sang pour sauver au moins notre vieux renom de vaillance !

Nous ne vous oublierons jamais, nous n'oublierons jamais votre exemple et nous vous jurons que, si du moins nous ne pouvons plus lutter nous-mêmes, nos enfants sauront comme vous mourir s'il le faut un jour en criant : Vive la France !

Après ce discours salué par les applaudissements de l'assistance, le cortège a repris le chemin de la Mairie pour aller au Cimetière, qui est adhérent à l'église et où reposent d'autres soldats, victimes aussi, de la guerre de 1870-71.

M. Eugène Lagnier, commandant des Sapeurs-Pompiers, a pris la parole ; il s'est exprimé en ces termes :

DISCOURS DE M. E. LAGNIER
COMMANDANT DES SAPEURS-POMPIERS D'HOLNON

Mes chers Concitoyens,

Après les belles paroles que vous avez entendues tout à l'heure, il semblerait inutile que je vous fasse un nouveau discours ; mais Monsieur le Maire m'en ayant prié, je me permettrai de vous retenir quelques instants.

Que de grands, de patriotiques et douloureux souvenirs nous rappellent cet anniversaire du 19 janvier ! Il y a vingt-cinq ans à pareil jour, une lutte héroïque avait lieu dans les villages qui se trouvent autour de Saint-Quentin, dans le circuit qui s'étend de la route de Guise à la route de Cambrai, en passant par celles de La Fère, de Chauny, de Paris et des chemins qui conduisent à Savy, à Holnon, à Vermand, à Fayet, au Petit-Fresnoy, à Berthaucourt, à Gricourt, etc.

La petite armée du vaillant général Faidherbe, disséminée sur cet espace coupé par le chemin de fer du Nord, par la Somme et le canal de Saint-Quentin, lutta vaillamment ce jour-là contre une nombreuse armée allemande qui recevait à tout instant des renforts envoyés des régions de l'Est, du Sud et de l'Ouest.

Ceux qui ont été témoins de cette lutte où nos soldats et mobiles firent tout pour repousser l'ennemi, se souviennent toujours des phases diverses de cette grande journée. Le soir, nos soldats, accablés par le nombre, harrassés de fatigue, durent se replier sur Saint-Quentin et se retirer dans le Nord par les routes de Cambrai et du Cateau.

C'était le dernier effort de la Patrie pour résister aux envahisseurs. Partout nos soldats, en trop petit nombre, avaient été repoussés, et la France, entraînée malgré elle dans cette guerre de 1870-71, fut obligée de s'avouer vaincue et de traiter avec l'ennemi.

Quelle page triste de notre histoire, et combien ce moment fut douloureux pour les patriotes,

Se rappelle-t-on encore la séance de l'Assemblée nationale à Bordeaux où les députés des provinces annexées se retirèrent les larmes aux yeux et la rage au cœur.

Vous connaissez les conditions qui nous furent imposées. Non content des réquisitions, des impôts et des amendes qu'il avait exigés, l'ennemi nous imposa encore une contribution de guerre de 5 milliards et nous obligea en outre à lui abandonner l'Alsace et la Lorraine.

Cette dernière condition fut la plus douloureuse. Les cinq milliards, personne n'y songe plus en France. Mais l'Alsace et la Lorraine ne seront jamais oubliées. Elles font partie de la France. Elles sont une partie de son âme et de son cœur, et tant qu'il y aura un Français sur notre vieux sol gaulois, ces deux provinces resteront dans ses souvenirs.

Il y a vingt-cinq ans nous étions affaiblis, nous n'étions plus rien. Le nom français avait perdu son prestige, et la nation, triste, consternée, dut se courber tout en conservant sa fierté, son légitime orgueil, en même temps que l'espérance qui fait vivre les peuples et leur montre la voie à suivre pour secouer le joug et se relever.

Mes chers concitoyens, la France s'est relevée. Grâce aux institutions républicaines qu'elle s'est librement données, elle est redevenue grande, forte, puissante.

Elle est prête aujourd'hui à lutter contre ceux qui voudraient l'attaquer.

Elle a une nombreuse et vaillante armée ; elle a des fusils, des forts, des canons, un matériel de guerre complet, et elle retrouvera, quand l'heure sera venue, la glorieuse situation qui lui a fait perdre l'Empire de Napoléon III.

Continuons donc, mes chers amis, à élever nos cœurs et nos âmes, continuons à nous inspirer toujours des nobles sentiments du patriotisme.

Soyons toujours prêts à nous dévouer, à nous sacrifier pour la sécurité de nos foyers et pour l'honneur de notre pays, et notre vieille France redeviendra ce qu'elle était avant les douloureux événements de 1870-71.

Et aujourd'hui, avant de nous séparer, rendons encore un public hommage à la mémoire des soldats qui sont morts en 1870 et 1871 en combattant pour la Patrie.

Rappelons les noms de Francomme, Foucart, Colle, Landa, et ceux plus récents de Dupuis et Cauet, de tous ceux enfin qui reposent loin de nous, de ceux enfin dont les restes mortels sont ici. Venons souvent en pélerinage devant leur tombe et devant les inscriptions qui rappellent leur mort glorieuse. Inclinons nous en disant avec notre grand poète Victor Hugo :

> Ceux qui pieusement sont morts pour la Patrie
> Ont droit qu'à leur cercueil la foule vienne et prie.
> Entre les plus beaux noms, leur nom est le plus beau.
> Toute gloire près d'eux passe et tombe éphémère
>   Et comme ferait une mère,
> La voix d'un peuple entier les berce en leur tombeau.

Oui, la voix du peuple français célébrera toujours les braves qui sont morts pour la défense de la Patrie.

Le culte de la Patrie n'est-il pas, en effet, celui qui nous inspire tous, celui qui fait battre nos cœurs et qui fait que nous mettons au-dessus de tout l'amour de la France et de la République !

Ce discours, dit avec beaucoup de fermeté et de sentiment patriotique, a produit, comme celui de M. Defrance, une profonde émotion.

M. Paul Millet, clairon des Sapeurs-Pompiers, s'est avancé ensuite près du monument funèbre, et s'est exprimé ainsi :

Braves soldats français, c'est la sonnerie qui vous a amenés ici lorsque la Patrie a vu l'heure du danger. Elle vous a appelés sous ces trois couleurs pour les défendre, et vous lui avez juré fidélité jusqu'au moment où vous êtes tombés, et que votre sang a coulé pour défendre ces trois nobles couleurs qui sont l'emblême de notre belle France.

Braves enfants ! vos mères et vos pères, lorsqu'ils ont connu la triste nouvelle vous ont serré sur leur cœur en pleurant et en vous disant : « Chers enfants, c'est bien triste pour nous de vous voir partir dans un moment aussi pénible. »

L'ennemi envahissait déjà la France, et ils

vous ont dit en même temps : « Partez et jurez-nous d'être fidèles à la Patrie. »

Braves soldats français, vous avez juré et vous avez tenu votre serment. C'est ce que cette tombe atteste encore aujourd'hui.

Les habitants d'Holnon reconnaissants viennent en ce jour et en grand nombre déposer sur votre tombe une couronne pour rendre hommage à votre valeur, à votre héroïsme.

Il y a vingt cinq ans que vous avez versé votre sang pour nous défendre contre l'ennemi, et nous venons vous dire aujourd'hui : « Dormez en paix, la France vous vengera un jour, car elle n'abandonne jamais ceux de ses enfants qui sont tombés sur le champ de bataille en combattant pour la défense de son territoire.

On s'est séparé ensuite, en se rappelant toutes les circonstances de cette journée du 19 janvier 1871, à la suite de laquelle nos villages furent envahis par un ennemi souvent violent et brutal, qui s'installa en maître dans nos foyers.

Des quêtes faites dans l'église d'Holnon et à la cérémonie patriotique qui a eu lieu le 19 janvier au monument du Calvaire ont produit 86 francs pour les soldats de Madagascar.

Cette somme a été remise à Mme François Hugues par M. Defrance, maire d'Holnon.

CÉRÉMONIE FUNÈBRE

EN L'HONNEUR DE M. CARNOT

PRÉSIDENT DE LA RÉPUBLIQUE

CÉRÉMONIE FUNÈBRE

En l'honneur de M. CARNOT, Président de la République

Le dimanche 15 juillet 1894 une cérémonie funèbre était célébrée dans l'église d'Holnon, par M. l'abbé Leclercq, curé de ce village, en l'honneur de M. Carnot, président de la République, assassiné à Lyon par un Italien nommé Caserio.

A cette occasion, M. l'abbé Leclercq a prononcé un éloquent discours dont voici les principaux passages :

. . . .

La Municipalité a pensé que, pour permettre à un plus grand nombre de fidèles d'assister à cette cérémonie, il serait préférable de la fixer au dimanche. J'ai pu me conformer à vos désirs, Messieurs, grâce au bienveillant concours de notre cher abbé Letuppe qui a retardé de quelques jours son départ pour le poste qui lui est assigné, et a chanté à ma place la messe paroissiale d'obligation. Je suis doublement heureux, mes frères, et de vous avoir été agréable, et de voir que mes espérances se sont réalisées, puisque, en effet, vous êtes venus en foule unir vos prières à celles de la religion, payer à notre regretté Président, M. Carnot, votre dette de reconnaissance, et donner à sa famille profondément affligée, un sympathique témoignage de condoléance. Je vois avec plaisir qu'à votre tête et pour vous donner l'exemple, M. le Maire, M. l'Adjoint, MM. les Conseillers municipaux, les Conseillers de fabrique et la Compagnie des Pompiers ont répondu à mon invitation. Le temps trop court, entre les deux messes, ne m'a pas permis de décorer l'Eglise comme je l'aurais désiré. Mais vous avez, vous, mes frères, arboré partout le drapeau tricolore, non en signe de joie, mais en berne et cravaté de crêpe, qui indique que la nation est en deuil. Permettez-moi, mes frères, de vous féliciter d'avoir en cette douloureuse circonstance associé publiquement et solennellement la Religion à la Patrie ; vous avez agi en bons citoyens et en bons chrétiens. Votre présence si nombreuse, votre religieuse tristesse, votre pieux recueillement est un hommage rendu à l'homme intègre, au grand patriote, au digne Président de la République française, mort dans le plus noble exercice de son devoir, comme un soldat au champ d'honneur. N'est-ce pas le plus bel éloge que l'on puisse faire de ce grand citoyen qui, pendant sept ans, fut le gardien vigilant de nos institutions ?

L'éloge de M. Carnot, mais, mes frères, vous venez de l'entendre; aussi complet et aussi noblement que possible, de la bouche de notre éminent évêque de Soissons. Pour moi, mes frères, je n'ai d'autre but que de tirer de sa vie publique, de sa vie privée et surtout de sa mort si chrétienne, un enseignement, qui soit pour nous tous une consolation et un exemple.

On dit, et ce n'est que trop vrai : la vie est remplie de contrastes ! Il y a huit jours, cette église était aussi remplie qu'elle l'est aujourd'hui; mais c'était un jour de fête paroissiale, une véritable et inoubliable fête de famille. Ces murs étaient recouverts de riches drapeaux, d'écussons symboliques. Cet autel semblait émerger d'un gracieux parterre de fleurs variées et des chants d'allégresse s'élevaient de nos cœurs joyeux vers le ciel ; aujourd'hui, tout a disparu pour faire place aux tentures de deuils; et des chants tristes et lugubres retentissent qui semblent sortir d'un tombeau. Hélas ! mes frères, n'a-t-on pas constaté, il y a trois semaines, à Lyon, ce même douloureux contraste ? Le matin, à l'heure ou nous sommes, c'était, dans toutes les rues richement décorées, pavoisées de mille et mille drapeaux, de joyeux vivats, un splendide triomphe ; et, le soir de ce même jour, au moment où la foule, à l'apogée de son enthousiasme, saluait de ses ovations frénétiques son vénéré Président, tandis qu'en son honneur, les feux d'artifice illuminaient la ville, un cri d'angoisse retentissait : M. Carnot est assassiné ! Ce crime exécrable, que la conscience nationale flétrit, et qui a frappé de stupeur, non pas seulement la France, mais l'Europe et le monde entier, avait été perpétré par un farouche anarchiste italien, le jour même où l'on célébrait dans sa patrie, l'anniversaire de la bataille de Solférino, où la France combattait à côté de l'Italie, mêlant le sang généreux de deux nations sœurs qui semblaient, par des affinités de races et de communes aspirations, faites pour s'aimer et sympathiser toujours.

C'est la revanche, c'est une exécution, dit ce sinistre assassin ! Quel crime avait-il donc commis, ce grand citoyen que la France avait fait, parce qu'il en était digne, le premier et le plus honoré de ses enfants ? — N'était-il pas, de l'aveu de tous, même de ceux qui n'étaient pas de son parti, un modèle de bonté, de douceur, de fidélité au devoir, de dévouement ? Son patriotisme était grand, sage et fécond, parce qu'il était en lui le couronnement de ses vertus sociales. N'était-il pas, comme on le répétait souvent, l'homme absolument intègre dans sa vie publique et dans sa vie privée, digne par conséquent des respects de tous. — Oui, mais ce sont précisément toutes ces vertus, qui l'ont fait haïr de tous ceux pour qui la patrie est un vain mot, de ces anarchistes qui ne veulent ni Dieu ni maître, mais la liberté, ou plutôt la licence, c'est-à-dire le droit de commettre tous les forfaits, sans avoir à en rendre compte à la justice.

. . . .

Et maintenant, mes Frères, souvenez-vous toujours de notre ancien et très digne Président, mais ne vous bornez pas aux trop légitimes émotions de cette journée. La religion du souvenir a sa grande valeur sans doute ; elle honore celui qui nous a quittés, elle offre aux générations présentes et futures un grand exemple à imiter ; elle console, dans une certaine mesure, la famille du défunt, mais elle ne peut être d'aucune utilité au défunt qui est entré dans son éternité. *Mementote præpositorum vestrorum*, nous dit le grand apôtre saint Paul, souvenez-vous de ceux qui ont été vos chefs, mais il ajoute aussitôt : regardez leur vie, imitez leurs vertus. — Et je vous dis, moi : regardez sa mort si chrétienne et si consolante. Apprenez de lui à couronner chrétiennement votre vie par la foi et le repentir. Faites tous une dernière et fervente prière pour le repos de l'âme de ce grand citoyen, qui s'est si bien dévoué pour la France. Demandez à ce Dieu qui juge les justices même, comme je vais le demander moi-même à la Sainte Messe, de lui accorder, au milieu des justes, une place auprès de lui dans la cité éternelle et bienheureuse.

Saint-Quentin. — Imp. Ch. Poëtte.

www.ingramcontent.com/pod-product-compliance
Lightning Source LLC
Chambersburg PA
CBHW061011050426
42453CB00009B/1384